Goldener Fasan

Scharlachrot Ara

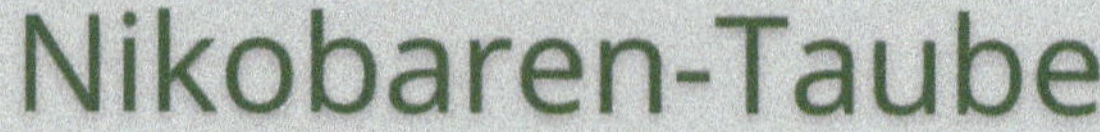

Nikobaren-Taube

Flamingo

Mandarinente

Rothals-Tanager

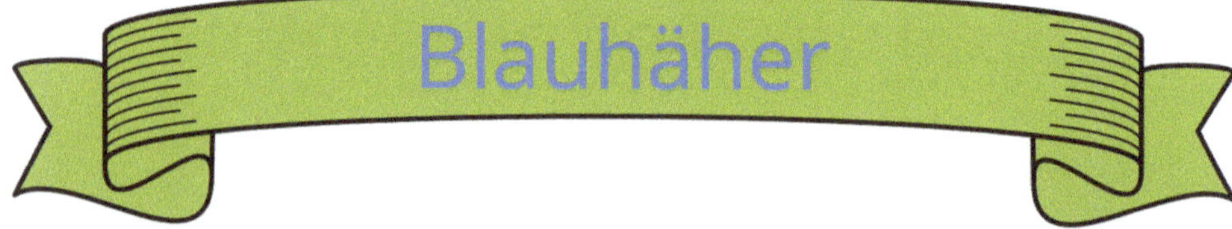

Blauhäher

Pfau

Blau Gekrönte Taube

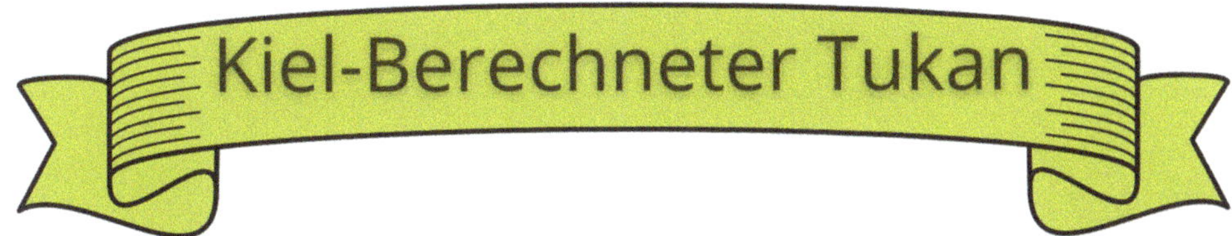

Kiel-Berechneter Tukan

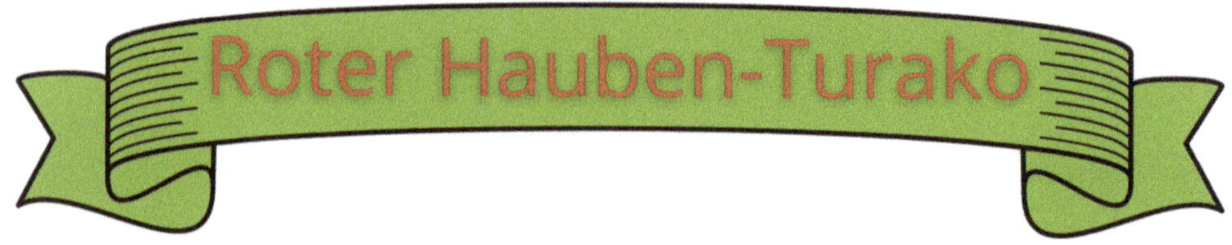

Roter Hauben-Turako

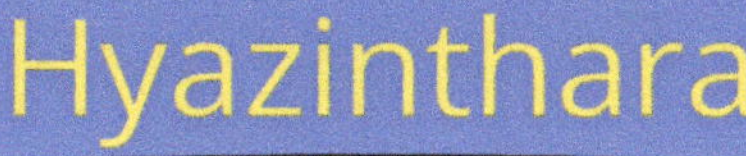

Hyazinthara

Bemalte Ammer

Papageitaucher

Waldente

Lila Gallinule

Regenbogen lorikeet

Anden des Felsens

Zwerg Eisvogel

Bärtige Reedling

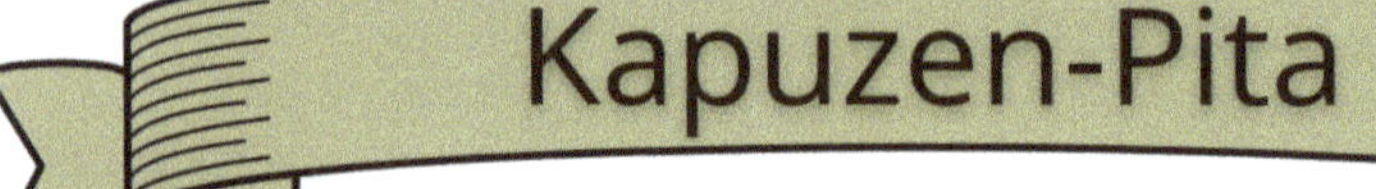

Kapuzen-Pita

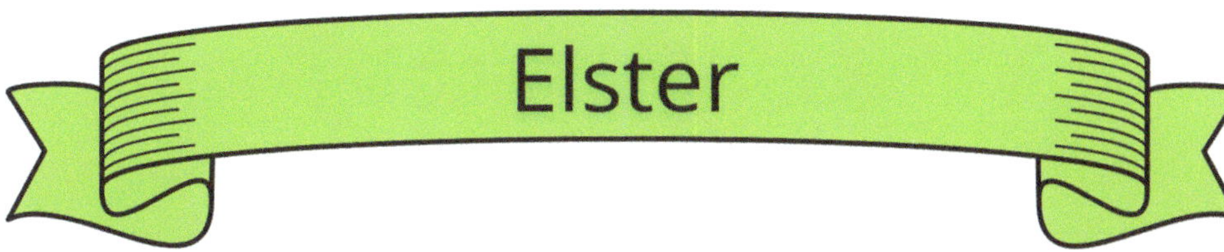

Elster

Gelber Pirol

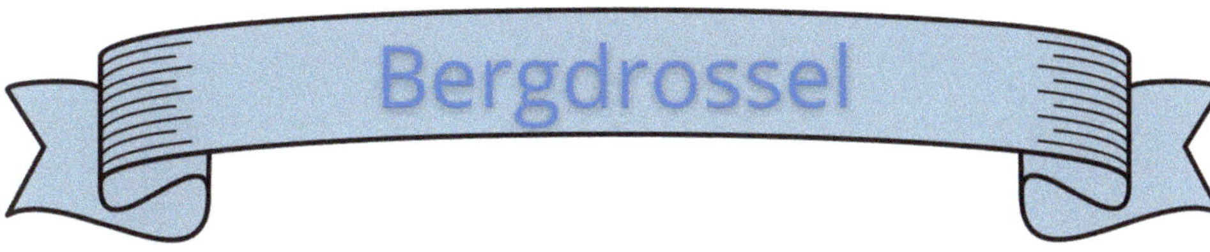

Bergdrossel

Goldkamm

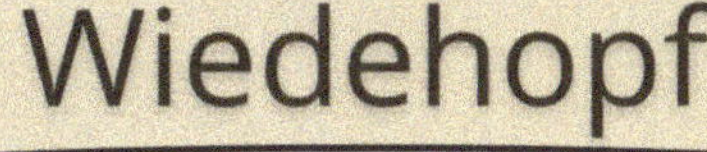

Wiedehopf

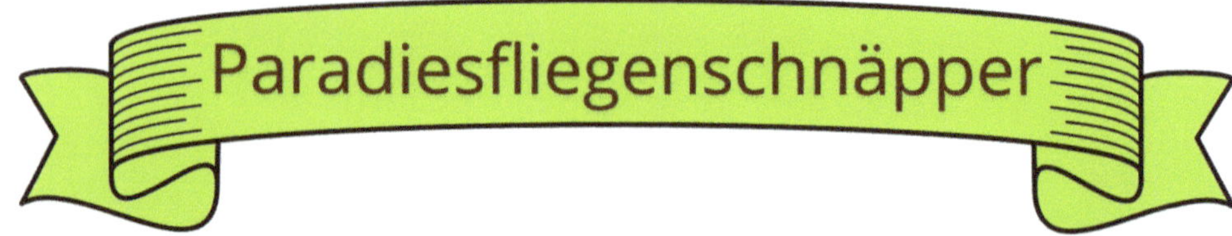

Paradiesfliegenschnäpper

Rot Drossel Amsel

Tilhi

Quetzal

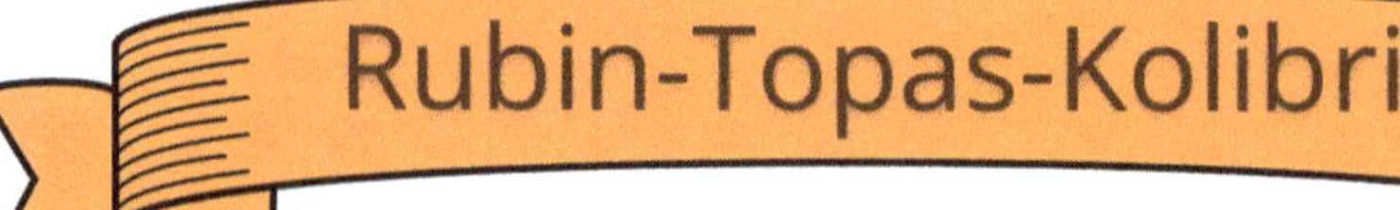

Rubin-Topas-Kolibri

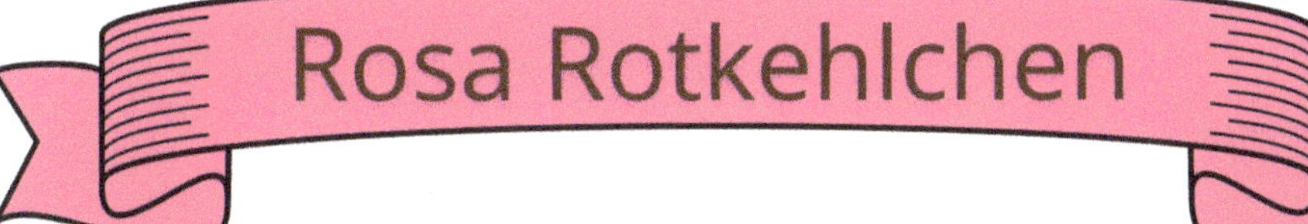

Rosa Rotkehlchen

Indische Walze

Nashornvögel

Kookaburra

Seeadler

Dalmatiner Pelikan

Hoatzin

Sekretär Vögel

Schneeeule